허상이 눈부시다

허상이 눈부시다

신덕엽 제15시집

세종출판사

- 서문 -

다시 무거운 시를
세상에 내어 놓는다
옷 다 벗고
살 모두 지우고
뼈만 남은
해골 같은 시를
여전히 꿈꾸며.

2022년 2월에
신덕엽

차례

2부

3부

1부

이슬

그리도 가볍게 영롱하게
꽃잎에 앉아
투명한 향기로 아침을 여는 이유는
무게를 줄일 대로 줄여
꽃잎에 상처 한 올 입히지 않고
짧은 하루를 사랑하다가
훌쩍 떠나려는 까닭입니까.

지렁이

땅속에서 무사히 살다가
무슨 일로 땅위로 기어 나와
제 무덤 제가 파서 드러누운
연체동물 하나

속이 빠져나간 껍데기가 아닌
속과 껍데기가 달라붙은 채로
말라비틀어진 사체

벗어라 벗어라 했건만
벗지 못했던

날마다 벗어라 벗어라 하건만
좀체 벗지 못하는

아아, 죽어서도
벗지 못하고.

길 찾기

방향을 잃어
헤매는 사람아
길을 탓하지 마라

그대가 미로다.

문득, 갑자기

친구가 푸짐하게 건네준
김치를 담은 봉지가 무거워
밑바닥이 빠질까봐 품에 안고 귀가 중
낭패가 났다
뚝! 고무줄이 터진 바지가 슬슬
허리를 타고 내려오고 있었다

진퇴양난!
두 손은 김치를 받들고 있고
바지는 연방 흘러내려 엉덩이에 걸린 채
간신히 버티고 있는 상황

두 다리를 지렛대 삼아 천천히
바지춤을 구슬리며 어정어정
간신히 도착한 아파트 입구

고무줄이 삭아가고 있었음을 몰라
예고되지 않은 사건
그러나 예고되지 않는 사건은 없는 거
몰랐을 뿐

몰랐기에
전철역에서 집으로 오는 동안
아주 절실했던 십여 분의 인생살이

김치는 무사했고 바지도 견뎌 주었다

얼음 3

심장을 녹여야
제 모습을 되찾는
고행의 몸

허물어지도록 펑펑 울지도 못하고
숨은 듯 흐느끼는

서릿바람보다
햇살이 더 아픈

단단한 것의 비애여.

성형

몸 속속들이 얼룩 먼지 털어내고 나무 하나 심어 주세요
봄이면 화사한 꽃송이 여름이면 싱그러운 이파리
가을이면 달디 단 열매 겨울이면 꽉 찬 씨앗으로
사시장철 어여쁜 여자로 바꾸어 주세요
덤으로 살 조금만 붙여 움푹 팬 볼 다듬어 주시고
찡그린 이맛살과 못난 주름 지워 주세요
기다란 나이테를 토막 내어 차곡차곡
열정이 빠져나간 가슴을 데울 장작개비로 쌓아 주시구요
삭은 관절은 튼튼한 연골로 땜질하여
하루에 한 번은 산이나 바다로 실컷 거닐게 해 주세요
물론 뇌 속에 박혀 있는 욕심이나 미움 등
어둑한 것들을 온통 들어내 주시구요
이만하면 견적이 얼마나 나올까요?
싱싱한 피와 뼈, 뇌간을 만들어 낼 초록 알갱이를
듬뿍 담고 있는 나무 값이 엄청나게 비쌀망정
집을 저당 잡혀서라도 수술대에 눕고 싶어요
건강한 나무 하나 심어
아름다운 여자로 거듭나고 싶어요.

외로움이 외로움을 부른다

그녀에게서 전화가 왔다
날 보고 싶어 하는 사람이 있다며
어서 나오라고 했다

묻는다, 그냥 가면 되냐고
화장하고 차려입고 가야 하느냐고
술값이라도 준비해야 하느냐고

괜찮다 했다
그대로 나오면 된다 했다

도착한 카페에는
그녀 혼자 덩그마니 앉아 있었다

- 만나자는 사람은 어디 있어요? -

그녀는 그녀 가슴을 가리키며
- 여기 있어요 -

서로 쓸쓸히
환하게 웃는다

연 날리기

연줄을

너무 풀지 마라
가라앉는다

너무 조이지 마라
끊어진다

이리저리 옮기지 마라
가지에 걸리거나 허공에 빠진다

그냥, 바람에게 맡겨두어라.

그렇고 그런 거야

세상에 새로운 건 없어
안 보이던 게 우연찮게 보이거나
보이지 않는 걸 애써 찾아낼 뿐
있는 그대로 보이는 거야
생판 다른 것 같아도 근본은 비슷하거든
인생을 운운하는 인문학도 그래
같은 뜻을 다르게 표현할 뿐
한두 권 읽으면 사람살이 다 알 수 있어
네 인생 내 인생 다르면서 같기에
대화가 만발하고 술판이 익어가는 거야
연구논문을 표절한 교수를 너무 몰아 부치지 마
통째로 베껴 쓴 게 아니라면 죄 아니야
같은 생각이 같은 설명을 불러올 수도 있으니까
내 시도 표절 투성이야
남이 안 쓰는 시어를 쓸 수 없거든
일상을 벗어날 수 없거든
다만 덜 식상하기 위해
기교를 조금만 부리는 거야
너무 많이 부리면 주제가 무너져 내려
의미 없는 난해시가 되어버리거든
삶도 그래
모방 아닌 모방으로 서로를 이해하고
더불어 제 식대로 사는 거야.

외딴섬 3

마침내 잊고
잊어서 잃고
잃어서 자유로운

아리랑 아리랑
홀로아리랑.

끝까지 무명으로

내 걸어온 길을
내뱉은 언행을
이전의 삶을
CCTV로 볼 수 있다면
절망으로 허물어질까
하마 희망을 건질까

어제를 잘라버리고
오늘만 볼 수 있도록
교묘히 조작해 놓으면
용감하게 살아갈까

잘라버릴 수 없다면
고속으로 돌려
지난 시간들 후딱 지나치고
지금을 살까

내일의 나는
어디에 있을지 모르니
몸속에 렌즈하나 걸어둘까
비명횡사하더라도
묘비에 새길
이름 하나 찾을 수 있도록

이름은 무슨!
살아온 그대로
이름 없이 떠나리라.

마스크가 마스크를 벗기다

바이러스를 피해
눈만 내 놓고
마스크로 온통 얼굴을 가려도
알아볼 사람은 알아본다

우리가 서로를 몰랐던 이유는
가슴에 두꺼운 마스크를
둘러쓰고 있었기 때문
그 마스크가 눈을 가렸기 때문.

깁스에 갇힌 남자

그는 실연을 했을 거다
떠나는 애인을 쫓아가다가 넘어졌을 거다
그는 아우를 잃었을 거다
슬픔을 술로 지우느라 만취하여 쓰러졌을 거다
그는 사업을 일구려 목돈을 빌렸을 거다
눈빛 사나운 채권자를 피하려다 계단으로 굴렀을 거다

그는 사기꾼일지도 모른다
그가 그를 속이려다
삐걱대는 제 그림자에 치였을 수도
그는 도둑일지도 모른다
아픈 자식의 병원비를 훔치려다
주인에게 들켜 맞붙다가 나가 떨어졌을 수도

그는 뜨거운 연인이었거나
따뜻한 형이었거나
가난한 가장이었거나

열심히 살아가다가
세상 모서리에 걸려 발목이 꺾인
남자 한 분 절뚝절뚝 건널목을 건너간다

민들레

내 시 속에 조연으로만 등장하는 너를
주인공으로 승격시키려 하니
무언가 모자란다

화려하거나 그다지 예쁘지 않고
키는 작달막하고
향기 없고
사는 곳도 허름하고
곧장 구둣발에 차이는
추리한 네 삶을
주제로 내세우려니 궁색 맞다

그래서 네가 특별하다
장미가 화려한들 겸손하더냐
키 큰 코스모스가 실하더냐
천리향이 천리를 가더냐
능소화는 정원을 떠나 담을 넘지 않더냐

무엇보다
밟아도 밟히지 않아서
너는 주인공보다 더 뛰어난 조연인 것을.

꾸어다 논 보릿자루

듣지 않고 있는가
들을 가치가 없는가

답할 게 궁한가
답할 처지가 아닌가

말은 거품이고 그림자에 불과한가
아예 귀머거리거나 벙어리인가

무엇인가
그대 침묵은.

양철이 그립다

가벼운 것, 음식을 빨리 끓이는 것
비싸지 않은 것, 아끼지 않아도 되는 것
부딪치면 부딪치는 대로 상처 받는 것
상처가 깊어도 찡찡거리지 않는 것
움푹 들어간 흉터조차 흉 같지 않은 것
구부러져도 쉬 구부려뜨려 제 모양을 되찾을 수 있는 것
빈 물동이로 빗방울 떨어지면
청청 명랑한 선율을 풀어내고
처마 끝 홈마다 고드름을 엮어
풍경을 들이는 것

찌그러진 주전자와 냄비, 세숫대야
막걸리를 담아 마시는 양재기
천정으로 새어나오는 빗물을 받는 바케츠

화장실 아닌 변소가 벽 중앙에 떡 버티고 있던
좁은 실내 낡은 탁자 위로 회국수 분주히 나르던 쟁반들
달콤 매콤한 맛에 홀려 두 그릇도 마다않던 그 시절
금방 쓰러질 것 같던 오랜 기둥의
'할매 회국수집'이 콘크리트로 바뀌어
그리운 양철 지붕이여.

쓸쓸한 농담

전철 속 노약자석에 앉은 할아버지
호탕하게 웃으며 전화기로
소식을 주고받는다

동아리 회원이 열이었는데
이제 다섯 밖에 안 남았네
다섯이 떠났거든
근데 아직 되돌아오지 않고 있네
도착했다는 연락도 없고
하나도 곧 떠나려고
신발 끈을 매고 있는 중이라네

이웃집 놀러가듯
생사를 이야기하고 있는
할아버지 낡은 점퍼 주머니로
삐죽이 주둥이를 내밀고 있는 약 봉시.

겨울 폭포

위에서 밑으로 떨어진다고
늘 흐르는 게 아니다

한파에 얼어붙은 폭포
속내를 그대로 드러내고 있다

한 번쯤은 멈추고 싶었다며
추락하면서 쏟아내는 소리는
노래가 아니라 비명이었다며
벼랑이 무서워 내지르는
울부짖음이었다며.

명절 즈음

퍽! 단칼로 내리쳐 배때기를 쭉! 갈라
손가락으로 내장을 단번에 긁어내는
생선가게 아저씨의 손놀림처럼
그렇게 거침없이 살아간다면

비린내는 꽃향기로
핏물 묻은 앞치마는 날갯짓으로
잔돈을 헤아리는 숫자는 노래로
부화하여 세상을 건들건들 거닐까

서민들이 붐비는 대목장
갯내음 질퍽한 좌판 위에
고등어가 시푸른 등을 누이고
돔과 조기가 선하게 눈을 내리깔고
묵묵히 누워 있는
도심의 어느 골목시장이
거래를 하고 계산을 하고 덤을 받고
시끌벅적 야단법석 중

한 아낙이 두 손 무겁게 제수거리를 들고
횡단보도 저 쪽 푸른 등을 기다리고 섰다

대문 없는 집

문을 열고 닫는 일이 수고스럽다면
아예 문을 떼어내면 어떨까요
도둑이 함부로 기어들지 모르지만
눈 맑은 탁발승이 찾아들어
공양 한 줌 청할지도 모를 일
공양 값으로 기도를 받을지도 모를 일
어떤 길손이든
주고받아서
비우고 채우지 않을까요

내 안에 문
열고 닫을 때 너무 삐걱거려
생각해낸 묘안입니다

그냥 확! 열어젖히는 일.

자정 넘어

한밤, 잠 오지 않아 뒤척이는 중
위층에 화장실
물 내리는 소리 쓸쓸합니다
먹고 자고 배설하는 일상이
삶의 정수라서 그리도 서늘한가 봅니다
내일은 불면이라도 괜찮겠습니다
일부러라도 어둠 속에 오뚝이 앉아
잠과 떨어져서 잠을 바라보면
똑똑히 들릴 겁니다
화장실 아닌 내 몸속에서 꿈틀거리는 소리
피 돌아가고 목숨이 지나가는 기척으로
심장이 한 생임을 알아챌 겁니다
더 이상 불면과 대적하지 않을 겁니다
안정제도 가까이 두고 있습니다

꽃과 인생의 함수 관계

사월에 벚꽃 무성한 건 순리이고
시린 이월에 개나리 고개 내미는 건 사건이고
어린 동백이 뚝! 고개 꺾는 건 사고이고
고목에 망울 돋는 건 우연이고
장미가 만발하는 건 필연이고
모든 꽃이 피고 지는 건 일상이어라.

이행시 모음

1.
하얀 구름도 먹구름도
늘 희고 검은 것은 아님을.

2.
만물이 무거운 옷을 벗고
추워서 서로의 가슴으로 품어들 때.

3.
달달한
변(똥).

4.
행운은
복을 줍는 게 아니라 짓는 거.

5.
우울하고 힘들 때
정성껏 밥상을 차려 주는 사이.

6.
나,
무심이란 별명을 가졌어.

7.
허물어지지 않아도
공연히 위태로운 깊이.

내가 만약 새라면

날개를 꺾을 것이다
높은 비상이 어지러워
부리를 깎을 것이다
종일 지저귀는 노래가 지겨워
다리뼈를 다질 것이다
쉬 땅으로 내려앉으려
숲이 아닌 거리로 건너올 것이다
식상한 먹이 아닌 별미를 얻으려고

작은 몸 하나는 그대로 둘 것이다
어느 곳에 깃들어도 여백을 곁에 두려고
어느 집 우리에 갇혀도 답답하지 않으려고

그리하여 끝내는 새로 살 것이다

추상명사

쉬 잡히지 않는 것
이름표를 달고 있으나
불러도 분명하게 대답 않는 것
깊이를 알 수 없어
딛지 않고 건너뛰는 것
가까이 오라고 손짓하건만
거리를 가늠할 수 없어
함부로 다가가지 못하는 것

모정 아닌 어머니가
밥상을 차려주고
사랑 아닌 애인이
포옹하고 입 맞추고
우정 아닌 친구가
병상을 찾아드는

볼 수 있고
만질 수 있는 것을
그럴듯한 포장지에 싸서
시렁 위에 앉혀두는
청자나 백자 같은

깨어지기도 쉬워
아예 밀쳐두는 것.

잔설 속 햇봄

너는
여덟 살배기
앞니 빠진 개구지

꽃망울 돋아날 듯
발갛게 팬 잇몸
깔깔 드러내고 웃는.

마술, 이탈을 꿈꾸다

풍경을 그리다가 마음에 들지 않으면
이 색 저 색으로 마구 항칠을 해대며
낄낄거리던 어린 시절의 객기

삶은 일회용이기에
한 번 금가면
조심조심 다루어
무너지지는 말아야 하는 거

그러나 다시 어린 시절로 돌아가
겁 없이 손 가는 대로
크레용을 휘두른다면
추상화 한 폭쯤 건지지 않을까

마음껏 낙서를 하고 싶다
삶의 캔버스 그득
난동을 부리고 싶다
고흐가 웃으면서 돌아설
조잡한 자화상을 그리곤
쫙쫙 찢어버리고 싶다

찢어진 조각들이
한 마리 비둘기로 변신하여 날아갈지도.

짧은 안부

이리 축축하고 어둑하고
아득한 오후에
뭐하시나요?

늦게 일어나
아침 겸 점심으로
신라면 끓여 안주 삼아
몇 잔 마셨습니다
저만 맹숭맹숭 꼿꼿하면
휘청거리는 봄비가
뭐라 할 것 같아서 말입니다.

은행 창구에 꽃 한 송이가

어머니, 비밀번호 찍어주세요

백발의 할머니가 더듬더듬 번호를 찍는다

한 번 더 찍어주세요
와? 금방 찍었는데
확인 차 필요해서요
뭐라꼬?
확인 차 필요하다구요
확인 안 해도 된다, 번호 맞다

귀 어두운 할머니 말귀 못 알아듣고
일일이 반문하더니 급기야,

야야, 틀렸다
십만 원이 아니고 이십만 원을 빼야 하는데

네?
알겠어요, 다시 해 드릴게요

주섬주섬 통장과 도장을 챙기곤 - 고맙데이 - 손 흔들며
돌아서는 할머니 등에 대고 - 어머니, 안녕히 가세요 -
배웅하며 여전히 웃고 있는 눈빛 고운 처자.

걸리지 않는다

생선살을 조심조심 골라 목에 가시가 걸리지 않는다
규율을 지켜 교통법규에 걸리지 않는다
미움을 푸는데 시간이 많이 걸리지 않는다
몸을 함부로 굴리지 않아 모진 병에 걸리지 않는다
거짓 없어 양심에 걸리지 않는다, 등등
여러 '걸리지 않는다'를 거쳐
도착할 마지막 관문

- 마침내 자유로워 분별심에 걸리지 않는다 -

자백

나는 오늘 도둑질을 했다

책장에서 시집을 골라 읽으려는데
시집 표지에 어느 도서관의 이름과
도서분류표가 테이프로 오지게 달라붙어 있었다
십여 년 전 빌린 책을 잊어버리곤 돌려주지 않은 거
어찌하나 고민하다가, 딱 들어붙어 접근을 금하는
도서관 이름과 분류표를 살금살금 떼어내기 시작했다

서두를수록 떨어지지 않더니
겨우 뜯어낸 자리가 하얗게
주홍글씨마냥 선명히 남았다
누가 보아도 남의 책을 훔친 자국에 놀라
시집을 책장 속에 황겁히 감춰놓곤
두근거리는 가슴을 쓸어내렸다

그 장물은 종종 나를 끄집어내어 들춰볼 것이다

욕의 힘

비 내려 질척한 거리를
함부로 달리는 차량들
바퀴에 치여 튕겨 오르는
흙탕물로 얼룩진 바짓가랑이를
툭툭 털며 터뜨리는 욕
지랄같이!

삶이 지랄 같아
옥상에서 뛰어내린
착해빠진 여자는
욕 한마디도 못하여

아아, 욕이라도 했다면.

소극적 방어

아침부터 비 오신다
기다리는 약속은 오후 다섯 시 반
비 오니 만남을 미루자는
나른한 목소리가
전선을 타고 올 듯한 우중충한 날
미리 술상을 차린다
얼큰히 취하여
세상이 아름답게 보일 때
어떤 칭찬도 꾸지람도
회유도 거절도 부정도
아무 것도 아닐 때
만남을 미루는 전화 또한
아무 것도 아니라서
흔쾌히 네, 네, 네, 순종하기 위해
예방접종하듯 낮술을 들이킨다

고양이

좀체 뛰지 않는다
쫓아내어도 슬금슬금 뒤돌아보며
거만하게 눈을 맞춘다

작은 소동에도 가슴이 뛰는 여자
마당으로 들어서서 먹거리를 찾느라
눈을 휘번뜩거리는
미물의 거동을 지켜보다가
끝내 내쫓는다

그녀가 감당하지 못하는
또 다른 그녀가 느릿느릿
담을 넘는다

마당 한켠에
보란 듯 싸질러 놓은
똥 한 덩이.

창안에서 창밖을 내다보며

하늘과 땅 사이에 걸린 허공
산봉과 계곡 사이에 걸린 벼랑
낮과 밤 사이에 걸린 어스름
오른쪽과 왼쪽 사이에 걸린 이념
고음과 저음 사이에 걸린 불협화음
사랑과 미움 사이에 걸린 연민
꿈과 현실 사이에 걸린 망상
탄생과 죽음 사이에 걸린 이승
이승과 저승 사이에 걸린 세월

모든 것은 흘러가리니
사이에 걸린 것들 묵묵히 지나가리니.

늦은 귀가

홀어미가 뼈 빠지게 모은 돈으로
꿈을 사도 아까울 판에
꿈까지 털리고 빈털터리로 돌아오다니

돈이 돈을 버는 노름판에서
돈으로 돈을 탕진한
탕아

겨우 남은 오막살이마저 빚으로 팔아넘기곤
어미를 양로원에 맡겨두고
급하게 화투판으로 달려가는
중독자

끝내 수갑을 찬 불효자를
물끄러미 바라보는 늙은 어미
자식 잘못 키운 죄라며
아무 말 못하는

그 어미 세상 떠나고
잠시 빈소로 들어선 죄수
뚝뚝 떨어지는 눈물
이제야 자식으로 돌아오다니.

2부

맑은 날

허공에 비행기 흘러가고
하얗게 남은 길
점점 사그라지듯

나 떠나면
그만큼만 기억하다가
잊어다오.

미완성

녹슬지 않으면
놋그릇이 아니다

곰팡이 피지 않으면
메주가 아니다

썩지 않으면
젓갈이 아니다

깨어지지 않으면
항아리가 아니다

떨어지지 않으면
꽃이 아니다

그대
얼룩과 먼지 습기와 무게를
사랑하시길

완벽하면
네가 아니다 나도 아니다.

만일에

물고기에게 손이 있었다면
지느러미가 있었을까
꽃에게 말이 있었다면
향기가 있었을까
나비에게 부레가 있었다면
날개가 있었을까

상처에 고름이 없었다면
새 살이 돋았을까
잠 속에 어둠이 없었다면
꿈을 꾸었을까
낮에 해가 없었다면
밤에 달이 떴을까

사람에게 눈물이 메말랐다면
웃음이 벙글었을까.

이월에 핀 진달래

어린 봄처녀가
임 만나고 싶은 급한 마음에
길 잘 못 들어 허둥지둥
산모롱이를 돌다가
제 발에 걸려 넘어지면서
찢긴 연보랏빛 치맛자락.

문득 글자 '왕'이

왕사탕 왕방울 왕벚 왕개미 왕눈, 등등

'왕'이여
그리도 나서고 싶습니까
이끌고 다니는 게 좋습니까
앞서야 합니까
큰 것이 자랑스럽습니까

왕이시여
당신을 뒤따르는 시녀 시종이
당신보다 더
달콤하고 상큼하고
맑고 깨끗하고
어여쁘고 섬세하고
부지런하고 민첩하고
깊고 따뜻하다는 걸
아십니까 모르십니까.

백로白鷺

울퉁불퉁 거친 땅을
꽃잎마냥 밟고 서서
먼 하늘 서늘하게 바라보며
아슬아슬,
천지간에 맺혀 있는
하얀 이슬白露.

되돌리다

눈이 시리고 아파 들린 약국에서
안약과 인공눈물을 받아들고 나오려는데 물었다
- 오메가 드십니까? -

큼직한 영양제를 내보이며
오메가와 함께 복용하면 눈에 좋다며
성능을 장황하게 늘어놓는 선전에 솔깃하여
망설임 없이 사서 돌아오는 길에
문득 일어나는 의구심
- 아이쿠, 홀렸네
영양제 먹고 낫는다면 안과의사는 뭘 먹고 사나 -

그랬다, 나는 홀렸고
약사는 웃었다

속았다는 의심에 사로잡힌 나는
다음 날 기어이 약국을 되찾아 가서
영양제는 다음에 사면 안 되겠느냐고 부탁했다
약사는 잠시 눈을 치뜨더니 뜻밖에 흔쾌히 물려주었다

어쩌다 거래로 엮이어 잠깐 스쳐가는 인연 중에
약국주인은 말로 먹고 사는 달변의 약장수였고
나는 속고도(속지 않았을 수도) 손해 보지 않는
얍삽한 손님이었다.

4월 18일

아무 약속도 계획도 없는
하루가 몽땅 내 차지인 날
냉장고엔 사과와 우유가 들어있고
탁자 위엔 시집이 엎혀 있고
카톡 속엔 친구의 안부가 담겨 있고
베란다엔 소철이 성큼성큼
오월로 다가가고 있는
싱싱한 일요일 아침

아, 햇살 좋다!

비빔국수를 먹으며

고추장으로 비비고
식초를 뿌리고
마늘을 찧어 넣고
참기름과 깨를 섞어도
맛이 우러나지 않는다

뭐가 빠졌나?
그래, 설탕!

설탕 한 숟갈 수북이 버무린
국수가 비로소 제 맛이다

여자는
달콤한 여자는
그래서 치명적인 거
또 그래서 위험하더라도

당뇨가 심한 남자가
단 것을 밀어내려고
담배만 뻑뻑 피우다니

차라리 사탕을 녹여 먹어야 함을
그 농염한 여자를 떠나보내지 말았어야 함을.

철로

두 팔을 허공으로 어긋나게 흔들고
두 다리는 어긋나게 땅을 딛어야
걷는다

한 치 앞도 나아가지 못하는 사랑아
아는가
똑같이 맞추어 동행하느라
따로따로 제자리걸음인 것을.

끓는 물

슬슬 앓더니
연방 터진다
속살이 하얗게 뒤집힌다
뒤집힌 속살끼리 엉겨 붙는다
엉겨 붙어 제 살을 뜯어 먹는다

졸아들면서도
악다구니를 퍼붓는
뜨거운 심장
찬 물을 들이붓자
이내 잠잠하더니
다시 몸서리친다

*냉정과 열정 사이에서
비틀비틀 중심을 잡는 여자는
국수를 휘휘 휘저으며
골고루 삶는다

사랑의 비등점을 넘나드는 동안
졸깃졸깃 알맞게 익은 추억을 건져 올려
홀로 먹는 겸상을 차린다

*냉정과 열정 사이: 쓰지 히토나리와 에쿠니 가오리의 소설이기도 함.

자생

휘리릭 ------
무언가 스쳐 날아간다
급히 창밖을 내다보니
커다란 새 하나
하강 중

아찔!
곤두박질하여
머리통이 깨어지면 어쩌나

후유!
새는 무사했다

떨어지는 동안
제 그림자를 미리 땅에 뉘어놓곤
그 위로 살짝 몸을 얹었다

낮아져 높일 것

함부로 술 처먹고 운신을 못해
남의 등에 업혀 온 사건이 훈장이나 되듯
술 취해 업혀 온 적 없는 사람과는
인생을 논하지 말라, 라며 거들먹거리다니
서둘러 계단을 내려가다 넘어져
한동안 걷지 못한 사고가 자랑거리인 듯
넘어져 다쳐 본 적 없는 사람과는
술잔을 나누지 말라, 라며 으쓱거리다니
무슨 헛소리를!
개뼈다귀 같은 허세를!
자고로 조심할 지어다
바로 걸을 지어다, 다만
어찌할 수 없는 사건이나 사고와 맞부딪치면
온전히 낮아질 것
그대로 받아들일 것
낮아진 적 없고 받아들이지 않는 사람과는
인생을 논하지도 술잔을 나누지도 말라, 라고
그 때 비로소 조금만 어깨를 치켜세울 것.

높이뛰기

더 높이 비상하기 직전
비둘기는 잠시 창가에 내려앉는다

앉은 자리에서
허공의 깊이를 들여다보고
날개 죽지를 가다듬은 후

훌쩍, 벼랑으로 떨어지듯
하늘로 날아오른다

길가에 핀 억새

애인을 만나려면
그나마 머리는 빗고
셔츠도 고운 빛으로 갈아입고
입술연지라도 발라야지
머리칼은 엉클어지고
헤진 옷에
창백한 얼굴의 너를
오래 헤어져 있던 그가
알아보기나 하겠니

그동안 아팠어요
바람 갑자기 차갑고
그리움은 짙어
나날이 가슴이 시리더니
며칠 동안 심하게 앓았어요
내 님이 오신다는데
가만히 앉아 기다릴 수만은 없어
수척한 모습으로라도
마중 길에 나왔어요.

오해 그리고 욕설

소화하기도 전에
이미 체했다

똥구멍으로 토해야 할 것이
입 구멍으로 쏟아져 나왔다

비문

내 비석엔
이름 석 자 말고
숫자 하나만 새겨 다오

- 0 -

남은 사람들 삶의 허리가 저릴 때
다독이고 쓰다듬고 어루만져 줄
榮 嶺 影 囹 瀅 靈 그리고 공(空).

* 꽃榮　재嶺　그림자影　감옥囹　흐를瀅　영혼靈

출판 후

연륜은 담겨 있으나
늙지 않은 시를 쓰려면
삶이 성숙해야 하고
삶을 그리는 붓질이 신선해야 함을
고민하는 시인은
긴 고민 후
시집 한 권 세상에 내어놓곤
몸져누웠다

시든 몸으로 출산한 아기
부실할까 싶어 전전긍긍, 거기다
해산 후 미역국 끓여줄 사람도 없어
한동안 앓았다

광인 2

이른 아침마다
산에서 목청껏 외치는 사내가 있었다
온 마을이 쩡쩡 울렸다
짐승의 울부짖음 같은
처절한 신음

그가 궁금하여도
감히 얼굴 볼 생각을 못했다
찌그러진 눈에 입도 짜부라져 있을 것 같은
고통을 맞닥뜨릴 용기가 없었다

어느 날부터 고함소리가 들리지 않았다

어디로 갔을까
땅을 못 떠나는 바위로 주저앉았나
날지도 못하면서 허공을 헤매나

소문이 떠돌았다
아내 잃고 미친 남자가
산 속에서 맴돌다가
거리로 내려와
히죽히죽 웃으며 흘러 다닌다고.

니은(ㄴ)

등을 곧추세워
굽은 등을 펴주고

다리로 바닥을 끌어올려
지친 다리를 쉬게 하는

빈 의자.

이중성

그는 그의 판잣집에서 죽 한 그릇 먹고
궁전으로 건너가 금박으로 치장한 정장을 입는다
그는 그의 빈방에서 술잔을 들이키고
거리로 내려가 바람에게 주정을 부린다
그는 그의 헐거운 껍데기를 단단히 조아
알맹이를 꽁꽁 빈틈없이 싸맨다
그는 그의 어제로 오늘을 떠받들고
내일로 넘어가 미리 오늘을 버린다

그가 짓고 엮고 쌓은
판잣집과 궁전
빈방과 거리
껍데기와 알맹이
어제 오늘 내일이
종종 뒤섞인다

뒤섞이며 일렁이는 중에
그의 그림자도 휘청거린다
휘청거리는 그림자가
그를 바로 걷게 한다
쓰러뜨리기도 한다.

선禪

딴 일 안 하고
얼룩만 지웠는데
그새 한 시간이 후딱 지나가다니

이유는
바닥을 닦을 때
바닥만 닦았음으로.

기울어진 공생

소의 엉덩이에 쇠파리가 앉았다
아마도 잡수실 게 있는 모양
꽤 오래 머문다

소가 꼬리로 엉덩이를 친다
먹이 찾아 더듬거리는 발질이 간지러워
살점을 떼어먹는 입질이 따가워
툭 툭 내쫓는다

후딱 피했다가 다시 걸터앉는 쇠파리
아무래도 먹이 때문만은 아닌 것 같다
느려터진 늙은 소에게 경을 읽어주려나 보다
'쇠귀에 경 읽기'를 모르는
미물이 그래도 날개가 달렸답시고
날지 못하는 소에게 나는 법을 일러주려나 보다

소는 경이 필요 없고
쇠파리의 날갯짓은 비상이 아니라서
오래도록 진득하게 붙어사는
악연 그리고 필연.

주먹

뭔가를 놓치고 사는 것 같을 때
그대는 뭔가를 붙잡고 있다

놓친 것은
놓지 못하는 손

바나나를 잔뜩 움켜쥔
주먹 때문에
사로잡히는 원숭이

펴지 못하는 손이
달랑달랑
허공에 매달려 있다

벼랑인 줄 모르고
헛손질인 줄도 모르고.

나무속으로 2

나이테를 조심조심 비집어 열고
몸을 개미처럼 작게 낮추어
나무속으로 들어가면
그 곳은 어두울까 환할까

어두우면 따뜻할 것이고
환하면 싱그러울 것이고
좀 더 깊이 들어가면
뿌리가 길어 올리는
물줄기 동동
내 몸도 함께 흘러흘러
가지 꼭대기까지 거슬러 올라가
하늘 한 자락 만질 수 있으려나

그 손으로 다시 나이테를 비집어 열고
세상으로 나오면
나는 한 그루 나무로 훌훌
햇살 바람 더불어 살려나

그렇게 사람이 되려나.

우울증

호수 같던 눈이
늪으로 깜깜하게
가라앉았구려

병든 아내여.

다시 9

소녀티를 갓 벗을 즈음
십구공탄을 얹은
무거운 판때기를 이고
언덕을 올라
아홉 식구들이 포개 누울
찬 방을 데웠다

스물아홉 넘어 시집가야 호강한다는
점괘를 믿었던 어머니는
스물아홉 살에 시집간 큰 딸의
잦은 친정 나들이를 걱정하셨다

아홉수를 조심하라는
토정비결을 건네주면서
자식들 복을 빌던 어머니
아흔 셋에 조용히 눈을 감으셨다

앞에서 뒤에서
끌어주고 밀어주며 중심을 잡는
구(9)는 열(10)로 가기 직전의
꽉 찬 내공

내공은
하나쯤 모자라야
단단한 거.

공치는 날

어제를 오래 되돌아보고
내일을 미리 내다보는 동안
깊이 들여다보아야 할
오늘이 안 보인다
멀쩡한 하루가 사라졌다.

시인은 왜 詩人인가

소설가 수필가 평론가라고 명명하면서
시인은 왜 시가가 아니고 시인인가

家 아닌 人

짐작하자면,
족보가 기구하고
핏줄이 헐거워
가문 밖으로 뛰쳐나와서

말 그대로,
시 쓰는 사람이라서

고백하자면,
시만 쓰는 외톨이라서

누설하자넌,
시를 쓰느라 삶을 놓치는 허풍쟁이라서

고발하자면,
시로 세상을 벗어나려는 이단자라서

굳이 변명하자면,
단 몇 줄의 노래로 여백으로
한 권의 삶을 엮으려는 망상에 사로잡힌 괴짜라서.

달맞이꽃

어스름을 닮은 여자가
아침 같은 남자를 만나
한동안 햇살에 취했건만
취한 그 동안 남자는 떠나갔다

햇살은 그늘 곁에서
더 오래 머물지 못하는 거

그는 또 다른 아침으로 건너가고
그녀는 어둑하게 저물어 갔다

삶이라는 일터를 얻어 주시다

나의 이력서는
짧고 초라하고
특별하지 않지만
내 이름 옆에
외롭고도 모질게
열심히 살아온
어머니의 추천서 함께
큼직한 낙관이 찍혀
내 삶의 사장님은 거뜬히
나를 채용합니다

'제 딸입니다'
어머니의 한 마디가
평생 일터를 마련해 주었습니다

생긴 대로

욕이 아니다
꾸짖음이 아니다
반어법도 아니다
지당한 말씀이다

- 꼴값 하네 -

꽃의 독백

예쁘다고
저를 자꾸만 보면
부끄러워요
그리고 조마조마해요

조금 더 오래 가까이 들여다보면
얼굴에 검버섯 짙고
살갗이 터지고
배꼽쯤에 못난 흉터가 있고
등에 상처가 있고
무엇보다 몸 깊은 곳에
벌레들이 웅크리고 살기에

잠시만 쳐다보다가
예쁜 모습 그대로
가슴에 담고 떠나요
제 이중성은 몰라도 되요.

시는 가까이

넌 좋아하는 일이 있잖아,
시 쓰는 나에게 친구는
부러운 눈길을 보내건만

그래 맞아
내게는 시가 있지,
고개 끄덕이건만

삶이 그리 호락호락하던가
삶을 그리는 시는 즐겁기만 하던가

시가 잘 쓰이지 않는 날
중구난방인 시어를 내다 버리고
은유와 상징을 집어 던지고
걸레를 찾는다

삼복염천, 창이란 창 다 열어두어도
바람은 조금, 공사장 먼지만 진득한
마루를 닦는다

닦은 마루가
한 편의 정갈한 시

친구여
그대가 차린 저녁밥상도
따뜻한 시.

문밖에서

너를 네 집 앞에서 망설이다 기다리다
돌아 나오는 길목으로 네가 걸어왔다
너는 슬리퍼 바람으로 장바구니를 들었다
하늘 빛 원피스가 눈부시던 네 얼굴에
구름 몇 점 바람 몇 올 스산한
너는 나를 못 알아보고 지나쳤다
먼 어제처럼 네 주위를 서성거리던 나는
수년이 지났건만 너는 여전히 너였기에
부르지 못하는 이름 뒤에서 한동안 나를 돌아보았다
그랬다, 네가 옳았고 나도 옳았다
헤어지는 이유를 모른 채 헤어진 까닭은
방금 마주친 네 무심한 눈빛과
내 소심한 눈길 때문이라는 것을 알아채곤
어스름 쌓이는 길목을 빠져나왔다
내 기억 속 나는 너를 사랑하였건만
네 기억 속 나는 사랑을 받을 줄 몰랐던 길끼
오랜 후 여전히 어긋나는 길에서 서로가 마주쳐도
우리는 끝내 이방인이 되어 잃어버린 사랑을
세월 밖에서 찾고 있으리라.

겨울 중 봄

서면 지하상가, 붐비는 행인들 틈서리로 울긋불긋 유치한 스웨터를 걸치고 낡은 부츠를 신고 머리에 빨강 노랑 조화를 단 노인이 떠돌아다닌다. 사람들이 힐끗힐끗 쳐다보건만 아무렇지 않게 춤추듯 세상을 걷는 그녀의 긴 머리칼이 출렁거린다. *동막골에 돌아다니던 *여일이가, 머리에 꽃을 꽂고 늘 웃고 살던 그 바보 처자가 몇 십 년이 지나 이곳 도심으로 건너와서 이 편 저 편 두 패로 갈리어 서로를 겨누는 삿대질을 멈추게 한다. 사람살이에 소중한 건 이념이나 사상이 아니라 밥과 노래임을 온몸으로 보여주는 화두가 이십일 세기 심란한 거리에 홀연히 나타나 눈부시다

남의 눈치 안 보고 제멋대로 치장한
이상한 모습이 정상으로 보이는 저녁
정치성이 달라 언쟁 직전이었던 자리를
박차고 나온 우파 아닌 좌파는
대소와 고저, 경계 없이 그저 웃고만 있는 순수를
한참이나 바라보고 섰다

그 노인은
누구의 눈길도 아랑곳없이
잿빛 우중충한 외투들 사이로
쪽빛 치마를 봄바람마냥 흩날리며
어디론가 가다가
어디에선가 멈추기도 한다.

*동막골: 영화, "웰컴 투 동막골"의 배경. 강원도에 있는 마을.
*여일: 영화에 등장하는 여주인공.

정원사의 꿈

사랑하다가 미워하기보다
미워하다가 사랑하는 날이
더 많으면 좋겠네

눈 흘기다가 마주 웃는 동안
꽃 하나 피어나고
마주 웃다가 눈 흘기는 동안
꽃 둘 지고마네

꽃밭이 무성하면 좋겠네.

3부

새싹

무장하지 않고 겁도 없이
단단한 나무 둥치를 뚫고 나와
동장군과 맞서는
어린 연두

으라차차,
봄 쳐들어간다!

안개는 걷혀도

안개 자욱하여
안 보이는 길
막막하고

안개 걷히고
선명히 드러나는 길
더 막막하고

마지막 정거장에 닿을
버스들 끊임없이 지나가건만
몇 번 버스를 타야할지 모르는

아주 청명한 십이월
천천히 구부정히 다가와
청사포 가는 길을 묻는 노인 한 분.

개를 키우지 않는 이유

혼자 살면 외로울 테니 개를 키워 보라는 동료는
분홍 조끼에 리본을 단 애완견을 데리고 살지만
나는 전혀 동거할 생각이 없다
나 아닌 생명에게 잠자리를 깔아주고
산책과 목욕을 시켜주고
아양을 받아주고 칭얼거림을 달래주고
아프면 병원으로 달려가야 할 것이기에
더구나 내 끼니도 챙기지 못하는 나는
그것을 굶겨 죽일지도 모를 일

무엇보다
내 목숨 하나도 쓸쓸한데
사람도 아닌 것이
곁에서 말은 못하고 눈만 끔뻑거리는
짐승의 목숨은 더욱 쓸쓸하여
덜 쓸쓸하려고
개를 입양하지 않는다
더구나 먹이도 챙겨주지 않는 주인을
할퀼지도 모를 일.

꿈의 반전

무의식의 그림자

찌그러진 생각의 모양

제멋대로 설치는 고약한 아상

걸러내지 못한 일상의 찌꺼기

꿈자리가 뒤숭숭한 이여
뒤집어 해몽하면
흉몽도 길몽이리라.

일생

줄을 몸통에 칭칭 감아
힘껏, 한꺼번에, 내동댕이치듯
풀어 제쳐야
빙빙 돈다

멈칫거리면
때려야 한다
명치를 때려야
다시 돈다

돌아야
바로 선다

그러나 이내 흐늘흐늘
중심을 잃는

팽이가 휘청거린다
팽이가 쓰러진다

잠잠하다

딸의 시집을 늦게 읽는 이유

어머니 눈 뜨자 말자 읽으시는
천수경 곁에
가지런히 놓인 시집

시집 다 읽었어요? 아니
어려워서요? 아니
눈이 침침해서 그래요? 아니
그럼, 왜요? 아까버서

울컥 뜨거워지는 눈시울
가만히 식히곤
하하, 웃으며 너스레를 떤다

집에 수두룩 있어요
아끼지 말고 읽으세요
친구 분들께도 나누어 주시구요

그 어머니는 예전에도 나를 울리셨다

니 책 안 읽어도 안다
니를 다 안다

인연은 꼭 맞는 게 아니다

공이 상자 속에 들어가려면
공의 지름이 상자의 변과 같거나
조금은 작아야 함을

겨우 들어가더라도
원과 네모는 근성이 달라
틈이 생기니

그대, 연인들이여
다름을 사랑하길
달라서 못 채운
빈 구석을 견디길.

조미료는 멀리 세제는 가까이

저녁을 지으면서
국을 맛있게 끓이려고
조미료를 넣으려다 멈춘다
국이 밋밋하더라도
몸에 좋지 않은 것
한 톨 넣지 않고
아예 쓰레기통에 버린다

설거지를 하면서
세제를 잔뜩 행주에 뿌린다
비린내 한 올 남기지 않으려
망설임 없이 듬뿍 뿜어내는 '퐁퐁'
당장은 식구들 입에 들어가지 않음으로
걱정 없이 물을 오염시킨다

금방 몸을 해칠 것 같은 독은 몽땅 버리면서
언젠가는 되돌아올 독은 우선 눈에 띄지 않는다고
개울과 강, 바다에 마구 흘러 보내는
눈멀어 한 치 앞을 못 보는
이기여.

새우

휘어진 몸
뼈가 없다

오래 구부리고 수행하여
살 속으로 녹아버렸나
살 밖으로 비집고 나와
껍질이 되었나

등뼈 없는 등
쉬 무너지지 않는다

집

사각형이에요
모서리가 많아요
천정과 바닥, 벽
창문과 식탁, 옷장 등
네모 반듯, 붙박이예요
그 속에 사는 사람들도 붙박이예요
낮에는 의자와 탁자에 붙들려 있구요
밤에는 침대에 들어붙어 있어요
함께 사는 사람들에게도 붙잡혀 있어요

어쩔 수 없어요, 삶이 원래
'생로병사'에 갇혀 있거든요
'희로애락'에서도 자유로울 수 없구요

가만, 들리네요
둥근 하늘을 휘돌아 흐르는 소리

온 천지를 돌아다니는 바람은
모서리가 없어요
바람 소리에 내 가슴이
몽글몽글 꽃망울마냥 간들거리니
나는 집을 떠나
바다와 산을 떠도는 바람 실컷 마시고
동글동글 여백 한 채 지어서
몸속에 담고 오겠어요

어서 밖으로 나가야겠어요.

파도와 모래밭

내가 네 밥이냐?

아니, 너는 내 허기야.

억새가 대나무에게

꼿꼿이 설려고만 하지 마라
더러는 무릎 접고 앉아도 보고
땅에 등 대고 누워도 보고
하늘 향해 다리 뻗고 물구나무도 서보라

곧아야 한다는 고집에 매달려
비틀거리는 몸 다잡느라 아프게
멍울 맺히는 마디, 마디들
상처다

나에게까지 밀어붙이지 마라
나는 좀 더 휘청거리며
쓰러질 듯 일어나고 다시 흔들리면서
내 식대로 살아가리니

너에게 바람이
채찍질이라면
나에게 바람은
춤이고 노래다.

바위와 파도

끝을 보겠다더니
그 기상 어디로 갔니
이미 끝장을 본 거니

너도 더 살아보면 알 거야
허물어지는 것이
버티는 것보다 강하다는 걸.

셈법이 다르다

어느 초등학생의 셈,
1+1=2
ㄱ+ㄴ=ㅁ
비+바람=비바람
사람+사람=사람들
물+물=바다

그 아이가 자라
세상에 발을 담궈
서서히 세속에 젖는 동안
나누어 주지 않고 줄이지 않고 버리지 않고
모우고 저장하고 쌓기만 하여
여백이 없는 시대는
여전히 더하기에 열중하고
빼기는 인색하다

삶의 순리는 단순하건만
어른의 셈법은 아이와 다르게
복잡하고 약삭빠르고 근시안이라
오리무중인 정답 또는 오답

그나마 밑바닥을 딛고 일어선 사람의 셈,
물+물=홍수 (어느 수재민의 절망)
물+물=물 (어느 선승의 설법).

수우미양가, 오행시

수술보다 회복이 오래 아프고
우는 것보다 웃는 게 더 심각하고
미움보다 사랑이 의심스럽고
양보다 질이 눈금을 속이고
가는 길보다 오는 길이 더 멀고.

누드화 앞에서

끝까지 벗지 못한다

아랫도리를 손으로 슬쩍 가리고 있는
여자의 흔들리는 눈빛

부끄러움마저 벗어야
완전한 발가숭이

발가숭이들끼리는
당당히 마주하건만

겹겹이 껴입은 외인 앞에선
돌아눕는 나신

다 벗어야 하나 말아야 하나.

핑크뮬리

멀리서 바라보면
설레설레 가슴을 어루만지는
분홍 안개

가까이서 들여다보면
바람서리마다 심장이 부딪쳐
여윈 숨소리

사랑하지만
멈추어야 하는
불륜 같은 것.

곧 스러지더라도

손톱에 붓질한 분홍 매니큐어
여러 날 지나자 희끗희끗
지워지고 남고, 하여
누추한 껍데기

완전히 지우거나
온전히 남기지 않아
껍데기가 껍데기임을 숨기지 않고
훤히 보여주는 실상

문득 그리운 허상
안전하게 가려주고
근사하게 꾸며주는 그것!

그래, 입어서 거지가 황후로 득세한다면
화사하게 껴입자

벗겨진 분홍 매니큐어를 마저 벗기고
진하게 새빨갛게 손톱을 칠한다

허상이 눈부시다
곧 스러질 그것이.

무디면 무딘 그대로

무, 당근, 고깃덩어리를 쉬 자르려고
숫돌에 칼을 가는 늙은 아내 곁에서

그만 하구려
날 서면 손가락 베이기 십상이여

부지런한 지어미를 말리는 더 늙은 남편
낮부터 불콰하게 취하여.

삭제된 메시지

외마디를 눌러 앉힌 놀람
터뜨리려다 멈춘 화기
쏟아내려다 집어삼킨 소문
다가설까 말까 서성이는 발걸음
들리듯 말듯 한 속삭임

고백이든 자백이든 독백이든
감추어서 더욱 선명한

거짓 또한 진실일 수도 있을 텐데
그는 무엇을 그리도 망설였을까

굳이 숨기지 않아도 될 사연을 급히 숨기느라
'삭제된 메시지'는 완전히 삭제되지 않았다

덜 지워진 침묵의 틈서리로
스미어 나오는 젖은 눈길

- 보고 싶습니다 -

단순한 이치

물방울!
둥글 수밖에

수증기가
구름으로 빗줄기로
개울로 강으로 바다로
다시 수증기로

돌고
돌아서.

화두 풀기

살아갈수록 물음표가 늘어난다

등 돌린 친구를 돌려 세워야 하나
시집을 엮고 남은 파지를 버려야 하나
고지혈을 부추기는 빵으로 계속 끼니를 때워야 하나
남의 험담을 여전히 귀담아 들어야 하나
해야 할 말을 끝까지 침묵해야 하나
빚진 부조금을 얼마큼 돌려줘야 하나
비바람 몰아치면 외출을 미루어야 하나
안정제를 삼키고도 잠이 안 오면 한 알 더 먹어야 하나
떠나기 싫은 술상을 박차고 일어나 막차를 타고가야 하나

마침표가 줄어들수록 삶이 절절하다

또다시 두드러기가

자고 일어나니
또 눈두덩이가 얻어맞은 것처럼
부풀어 뭉개졌다

어제 무슨 일이 있었나

날씨가 매우 뜨거웠고
밥 대신 라면으로 끼니를 때웠고
성추행으로 악명 높은 대가의 시집을 읽었고
며느리에게 설움당한 친구의 하소연을 들었을 뿐인데
누가 이리 매몰차게 때리고 갔나

아하! 그것이었구나
날파리 하나 성가시게 굴어
끝까지 잡아 죽인 죄

그 놈, 펀치도 세다!

낙타의 독백

막막함을 어찌 말로 다하겠습니까
지치고 고단함을 무슨 수로 덜겠습니까
허기와 갈증을 무엇으로 지우겠습니까
어떤 식으로 제 운명을 바꿀 수 있겠습니까
그 모든 위험과 수고를 품고 살아야지요
끝없는 모래밭이 길이고 둥지입니다
먼 오아시스를 찾는 게 꿈이구요

비상용 물통을 등짐 지느라
휘어진 등뼈는
꼽추로 살아라는 하명인 걸요

내 슬픈 몸으로
그대 불어터진 발가락을 치유한다면
나는 기꺼이 그대를 등에 태우고
뜨거운 바람 속으로 헤쳐 갈 겁니다

망우초

외로워서 잠 못 들다니요
저는 외로워서 일찍 잡니다
햇살 저물어 서늘해지면
어스름을 취하도록 마시곤
아무도 그립지 않는
누구도 걱정하지 않는
무념무상의 나라로 건너갑니다

* 망우초: 원추리꽃

엇갈린 사랑

전철을 타고 생각에 잠겼다가
내려야 할 역을 놓치는 순간
황겁히 일어서느라
가방을 떨어뜨리고
가방 속 지갑이 빠져 나오고
지갑 속 동전이 굴러 나오고
동전을 줍는 동안 전철이 멈추고
내린 곳은 환승역
다시 거꾸로 타고 오는 중에
우연히 들여다본 노선도
역마다 붙여진 이름들

절절히 이름을 불렀건만
듣지 못하고 지나친
그 사람은 지금 어느 역에서
서성거리고 있을까.

프리즘

그대 중심을 관통하느라
내 몸 산산이 부서져도
영롱한 무지개로 만발한다면
차갑고도 단단한 그대 심장을
기꺼이 뚫고 나오겠습니다
굴절되어도 좋고
골절되어도 괜찮습니다.

부끄러운 흔적

밤새 쌓인 눈
순백의 마당에
차마 흉터를 낼 수 없어
살금살금 고양이 걸음으로
한 발 두 발 내딛었건만
깊이 패는 발자국
마당은 이내 거뭇거뭇 상처투성이

죄 지은 것 같아 멈추고 둘러보니
하! 마당 가장자리로 돋아난
어여쁜 흔적

산까치는
제 걸음 그대로 통통 뛰었건만
가벼운 몸 송이송이
하얀 꽃망울을 떨어뜨리고는
어느 곳에 숨어서
사람의 무겁고도 어지러운 행적을
쯧쯧, 내다보고 있을려나.

나비

꽃이 꽃으로 환생하려다가
햇살 너무나 싱그러워
산책 한 번 더 즐기는 바람에
때를 놓쳐 길을 잃고
둥지를 짓지 못해
꽃잎인 채로
정처 없이 떠다니는구나.

고풍

어처구니가 없어 내버려진 채
장독대 한 구석에
우두커니 앉아 있는 맷돌

비 쏟아 내리고 활짝 갠 날
콩을 받아먹던 작은 입속에
듬뿍 고여 있는 빗물 그리고 햇살

이른 아침부터 부지런히 찾아와
빗물과 햇살을 맛있게 쪼아 먹고 있는
참새 하나.

밥상 예의는 지켜야지

사육사가 돌고래를 갖고 논다

커다란 고등어를 먹이려다가
냉큼 등 뒤로 감추곤
멸치보다 작은 생선을 입에 넣어주자
그 돌고래 삐친 듯
물속으로 풍덩 숨어들더니
입 안 가득 물을 담고 나와
소나기마냥 뿜어댄다
물세례를 된통 얻어맞은 사육사
젖은 바닥으로 미끄러져 자빠진다

- 먹을 것 갖고 장난치지 마! -

거울 앞에서 3

그녀의 다친 왼손에 붕대를 감으려 하니
내 오른손의 상처였다
내 뒷모습이 궁금하다 하여 등을 돌리니
그녀도 등을 돌려 앞모습조차 온데간데없었다

그녀와 나는
마주보고 있어도
서로의 반대편에 서 있었다

상실의 시대 6

기차역이 바뀌었다
최신식 부대시설을 늘리느라
펑 뚫렸던 광장이 막히고
분수대와 비둘기가 사라졌다

화단 가장자리를 수놓은 털머위를
잡초라며 지저분하다며
뿌리 채 뽑아 싹 쓸어버린 후
드러나는 콘크리트 바닥이 거칠다

꽉 차지 않은 것, 빈 것
시든 것, 낡은 것들을 참지 못하여
채우고 다듬고 꾸며야 하는
문명의 까칠한 강박증

장사 기슭에 걸린 만추 속으로
하나 둘 잎 떨어지고
가지 사이사이로 글썽거리는
햇살 바람 또한 아름답지 않은가

아스팔트로 덧칠한 오솔길
시멘트에 짓눌려 피가 돌지 않는 흙
흙속에 묻힌 씨앗의
심장은 허파는 어떻게 견디고 있는가.

벼랑 끝에서

염라대왕님,
저를 절망에서 건져주시든지
저승으로 데려다 주시든지
제 목숨 제가 거두게 해 주십시오

무엄하도다
목숨이 네 것이냐
감히 엄살을 부리다니
아직 멀었다

어망 또는 법망

망을 꼼꼼히 치고
호시탐탐 망을 보았건만

눈치 잽싼 대어들은 일찌감치 빠져나가고
조무래기 잡어들만 걸려들었구나.

침묵의 이유 중 하나

파렛트에 진수성찬마냥 차려진
물감들이 풍성한
미술시간은 유독 허기졌다
하얀색을 보면 쌀밥이
노란색을 보면 바나나가
빨간색을 보면 사과가
굶주린 배를 괴롭혔다

미술선생님은 물었다
- 너는 왜 먹을 것만 그리니?
풍경화도 있고 인물화도 있는데 -

무언가 수치스럽고
또 무언가 억울하여
크게 답하지 못하고 중얼거렸다
- 저는 저에게 절실한 걸 그리고 있는 걸요 -

미술점수는 양이었고
그 후,
절실한 것은 속에만 담아두기로 했다

11월

이유 없이 느닷없이
가슴에 바람 일렁이는
가을과 겨울 사이

잎 떨어져 마를 동안
가랑비 두어 번 더 내리고
문득 무서리치고

밖에서 떠돌며 맴돌거나
안에서 칩거하며 술렁거리는
어찌 할 수 없는 허기

그러고도 충만한 어스름 녘
하늘에 개밥바라기 제 살 뜯어내어
땅에 개밥그릇을 채우고

하루가 저무는 기척에
새들이 둥지로 돌아가는 늦은 저녁
창 그득히 스며드는 달무리.

| 맺음말 |

마지막 시 '11월'에 덧붙여

– 후기에 대신하여 –

내 몸속으로
11월은 오래 들락거릴 것이다.
봄여름에도 찾아들어
가슴 저리게 하는 바람을 어찌 할 수 없어
노래로 풀어낼 것이다.
빈 들판에 쭉정이조차 없어
허공을 쪼아 먹더라도
비상을 멈출 수 없는 새처럼
그렇게 아픈 날갯짓은 계속될 것이다.

신덕엽 제15시집

허상이 눈부시다

초판1쇄 발행 2022년 2월 18일

지은이 신덕엽
펴낸이 이길안
펴낸곳 세종출판사

주소 부산광역시 중구 흑교로 71번길 12 (보수동2가)
전화 463－5898, 253－2213~5
팩스 248－4880
전자우편 sjpl5898@daum.net
출판등록 제02-01-96

ISBN 979-11-5979-486-5 03810

정가 10,000원